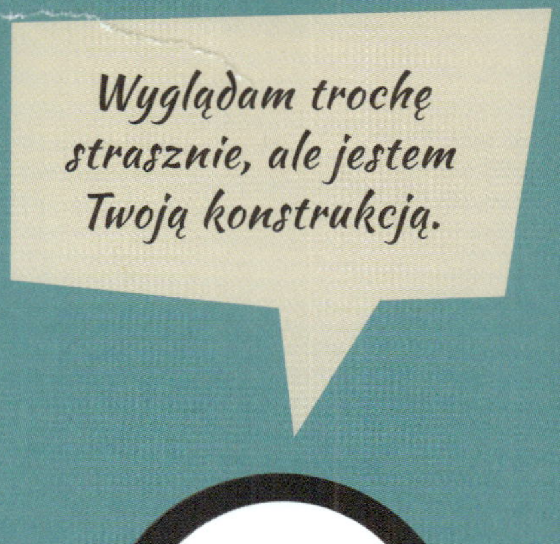
Wyglądam trochę strasznie, ale jestem Twoją konstrukcją.

Dzięki nam możesz się ruszać.

Jestem jak internet. Przekazuję miliony informacji.

Sen Alicji

czyli jak działa mózg

Sen Alicji

czyli jak działa mózg

Jerzy Vetulani Maria Mazurek
Marcin Wierzchowski

MANDO

Alicja śpi. Nic dziwnego – to była pracowita niedziela. Włożyła mnóstwo sił (naprawdę mnóstwo!) w skakanie przez kałuże, szukanie żab, zbieranie śliwek z drzewa i, niestety, w odrabianie zadania z matematyki. Na sam koniec dnia poczytała jeszcze na dobranoc Adasiowi (Adaś to jej młodszy brat) bajki, bo słyszała, że czytanie na głos małym dzieciom pomaga im rozwijać mózg. A potem sama zasnęła jak dziecko, czyli od razu i snem głębokim.

Gdy śpimy, odpoczywając po całym dniu, nasze narządy – czyli to wszystko, co mamy w środku ciała – pracują dalej, jak w wielkiej fabryce. Niektóre, owszem, nieco zwalniają, inne pracują w trochę innym trybie, ale prawda jest taka, że gdy my śnimy o niebieskich migdałach (albo o czymkolwiek innym), w naszej prywatnej, wewnętrznej fabryce nie ma miejsca na lenistwo.

A jeśli mowa o snach... Narządy Alicji prowadzą właśnie żarliwą dyskusję, który z nich jest najważniejszy. Kłótnię wywołało serce, zawsze aroganckie i przekonane o tym, że jest najważniejsze. Tę nieskromność trzeba mu wybaczyć: przez wiele, wiele stuleci ludzie uważali, że to w sercu mieszkają uczucia, takie jak miłość, i że to dzięki niemu jesteśmy, jacy jesteśmy.

Koniec z twoją dominacją! – krzyknęły do serca **jelita**. – Może i kiedyś wierzono, że jest w tobie coś magicznego, ale nie z nami takie numery. Wiemy przecież, że jesteś tylko jednym z wielu mięśni!

Serce poczuło się urażone.

Może i jestem tylko jednym z wielu mięśni, ale za to tym najważniejszym, który pompuje krew. Nie mogę pozwolić sobie ani na kilka sekund przerwy: ciągle tylko się kurczę i rozkurczam, tak żeby przeze mnie – i przez całe ciało Alicji – przepływała cały czas krew. A przecież to krew, którą wprowadzam w ruch, odżywia ciało, wszystkie narządy i poszczególne komórki, rozprowadzając tlen, witaminy, cukier, tłuszcze i różne inne substancje niezbędne do życia oraz hormony. Jak więc, jelita, śmiecie mnie obrażać?! Co wnosicie do tej fabryki oprócz tworzenia śmierdzącej kupy?

Bez nas krew, którą tak się chwalisz, byłaby bezwartościowa, bo nie miałaby tych wszystkich składników odżywczych! – żachnęły się jelita. To do nas trafia wszystko, co zje Alicja; to my wybieramy ze strawionego pokarmu to, co jest potrzebne, i posyłamy do krwi. A dopiero z niepotrzebnych resztek tworzymy kupę.

Wtedy do rozmowy wtrąciły się **płuca**: Hola, hola! To my w takim razie jesteśmy jeszcze ważniejsze. Bo od czego szybciej się umiera: z braku powietrza czy pokarmu? Wiadomo, że prędzej człowiek się udusi, niż zagłodzi.

Żyła, przez którą płynie krew

A to my dostarczamy do krwi tlen. Skoro zatem jelita są ważniejsze niż serce, a my ważniejsze niż jelita, to my jesteśmy najważniejsze w ogóle!
Z tym znowu nie zgodziła się **wątroba**, która stwierdziła, że to przecież ona zamienia jedzenie i tlen w energię, dzięki której Alicja funkcjonuje.
+
–
A oprócz tego, moi drodzy, spełniam w ciele jeszcze bardzo wiele ważnych funkcji.
Jestem spiżarnią, w której gromadzę cukier i zapas witamin, oraz „odtruwaczem” całego ciała – neutralizuję (czyli unieszkodliwiam) substancje toksyczne, leki, alkohol. Oprócz tego tworzę żółć, bez której ciało nie poradziłoby sobie z trawieniem tłustego jedzenia.
%
Do dyskusji włączyły się również obie **nerki**.
Krew przecież się brudzi. Bez nas szybko przestałaby się do czegokolwiek nadawać!

Czasami muszę działać błyskawicznie – kiedy poczuję, że boli cię palec, który włożyłaś do ognia, w ciągu **milisekund** (czyli tak szybko, że nie jesteś nawet w stanie tego zauważyć) każę mięśniom twojej ręki tak się skurczyć, żeby cofnęły palec, zanim jeszcze się zorientujesz, co się dzieje.

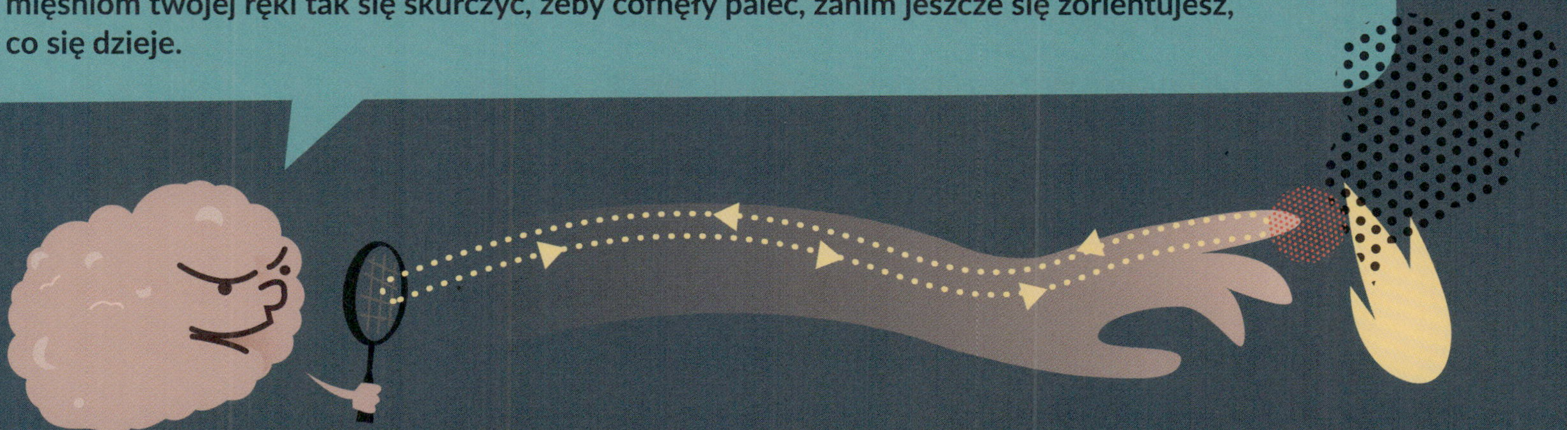

Podobnie, jeśli ktoś machnie ci czymś tuż przed okiem – zaraz mrugniesz, też jakby automatycznie. Takie reakcje nazywamy **odruchami**.

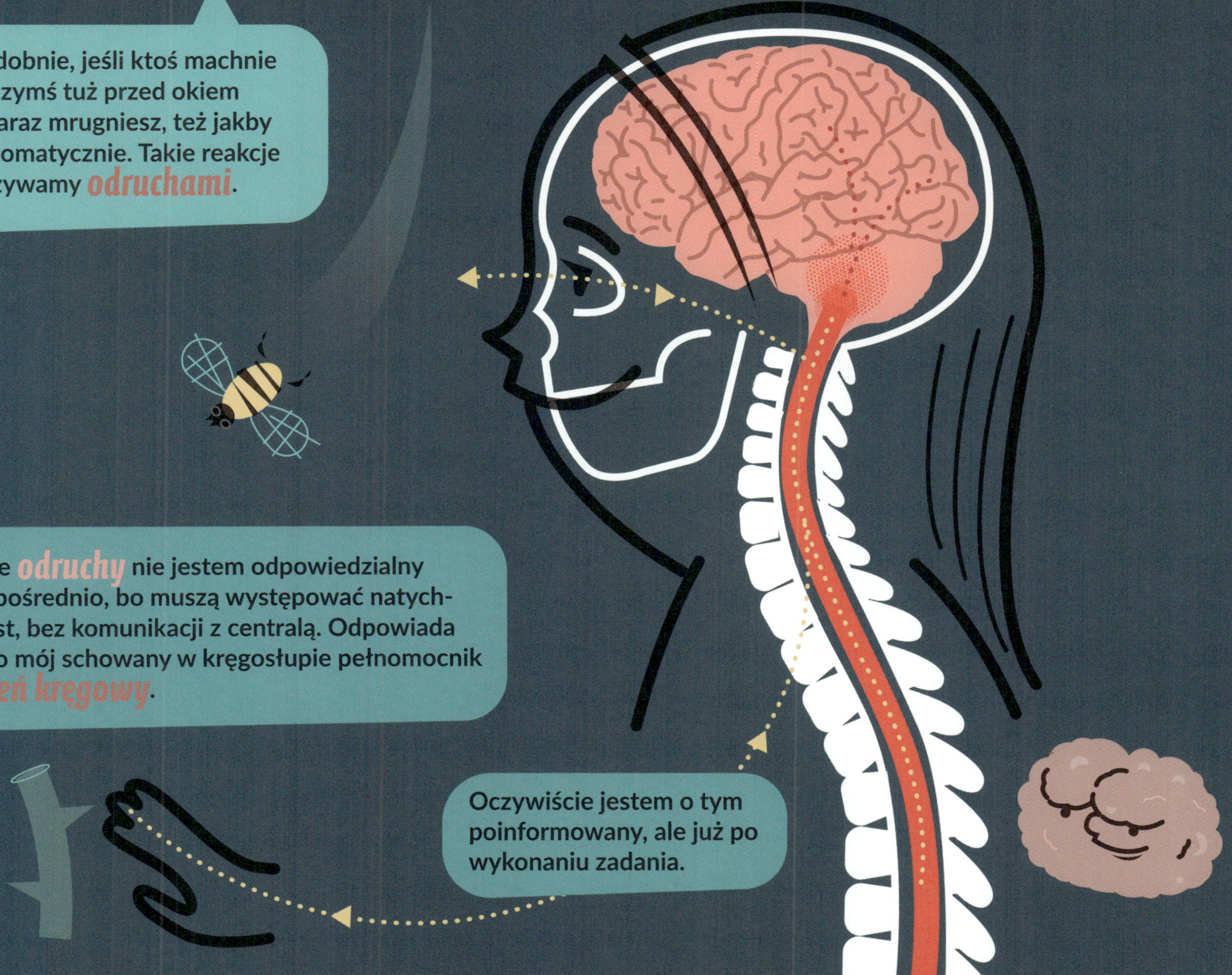

Za te **odruchy** nie jestem odpowiedzialny bezpośrednio, bo muszą występować natychmiast, bez komunikacji z centralą. Odpowiada za to mój schowany w kręgosłupie pełnomocnik **rdzeń kręgowy**.

Oczywiście jestem o tym poinformowany, ale już po wykonaniu zadania.

Tak się dzieje, kiedy czuwasz. Ale kiedy śpisz, informacje z twoich oczu, uszu, nosa, języka i skóry dochodzą do mnie bardzo powoli albo w ogóle nie dochodzą. Wtedy trochę odpoczywam, a trochę kombinuję. Zajmuję się innymi sprawami, które osobiście bardzo lubię.

Wiem. Zajmujesz się wtedy snami! – krzyknęła Alicja. – I teraz to też jest sen, twój wytwór!

Mózg uśmiechnął się.

Tak, masz rację. Wiesz doskonale, że we śnie dzieją się różne dziwne rzeczy, które nie mają prawa wydarzyć się w rzeczywistości.

Alicję nurtowało jednak, po co są sny. Bo chyba nie tylko dla uciechy mózgu? Mózg zaczął tłumaczyć:

Tak naprawdę to do końca nie wiadomo, dlaczego ludzie śnią. Naukowcy wciąż się spierają. Większość uważa, że to po prostu dobre ćwiczenie dla mózgu. Ale uwaga, moja droga, nie cały czas w nocy masz sny. Śnisz tylko w jednej fazie snu, która nazywa się **snem paradoksalnym** lub **REM**. REM oznacza, z angielskiego, „gwałtowne ruchy oczu". Kiedy jesteś w tej fazie, twoje gałki oczne, choć zasłonięte powiekami, ruszają się, śledząc marzenia senne powstałe w twoim mózgu.

Dopiero w kolejnych tysiącach i milionach lat powstawały coraz bardziej skomplikowane gatunki, aż w końcu wyszedł z tego człowiek, taki jak my dzisiaj – *homo sapiens sapiens*, czyli człowiek współczesny.

Nasi przodkowie przywędrowali do Europy z Afryki około sześćdziesięciu tysięcy lat temu. Wiem, że wydaje ci się to bardzo dużo – i rzeczywiście, to ponad pięćset siedemdziesiąt razy więcej, niż żyje przeciętny człowiek. Jednak tak naprawdę w porównaniu z tym, jak długo istnieje Ziemia (nie mówiąc o kosmosie!), to jak mrugnięcie okiem.

Ewolucja jest jak sprytny program komputerowy: sprawdza, które mechanizmy lub cechy organizmów są przydatne i skuteczne, i pielęgnuje je, poszerza. Zmiany, które się „nie przyjmują", są odrzucane.

Gady, od których pochodzimy – węże, jaszczurki i żółwie (te, które żyły bardzo dawno temu; z tymi, które żyją dzisiaj, wyłącznie dzielimy wspólnych przodków) – nie mają wprawdzie dużych zdolności poznawczych (czyli, po prostu, nie są zbyt mądre) ani emocjonalnych (a więc nie zakochują się, nie zazdroszczą, nie potrafią się irytować), ale ich mózg działa wystarczająco dobrze, by przeżyły.

Mózg ludzki

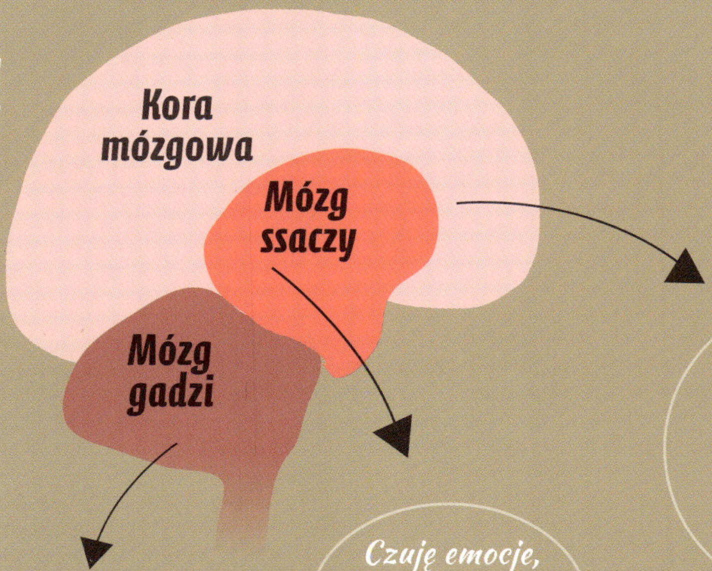

Jednak nasze mózgi, tak jak mózgi innych ssaków, są o wiele bardziej skomplikowanymi wytworami ewolucji niż mózgi gadów. Mamy dzięki temu bogatsze życie emocjonalne.

Wydzielają się wtedy różne substancje, które między innymi sprawiają, że napinasz mięśnie – tak, żebyś mogła szybciej uciekać lub zadać cios.

Rozumiem, po co w groźnej sytuacji uciekać albo walczyć – zastanowiła się Alicja. – Ale nie wiem, po co niby miałabym stać bez ruchu.

Mózg uśmiechnął się i powiedział:

To pozostałość po naszych bardziej prymitywnych przodkach. Ludzie już bardzo rzadko, choć zdarza się to jeszcze, drętwieją ze strachu. Taka pamiątka po naszych przodkach nazywa się **atawizmem**. Dla niektórych zwierząt **zastyganie w razie zagrożenia** nie jest wcale taką głupią taktyką. No bo pomyśl: zwierzę, które się nie rusza, jest przecież znacznie trudniejsze do zauważenia. A poza tym nawet jeśli drapieżnik je dostrzeże, to może pomyśleć, że zwierzę już nie żyje – a prawdziwi drapieżcy nie interesują się martwym zwierzęciem. Najwyżej ci, którym bardziej smakuje nieświeże mięso – czyli padlinożercy.

Inną ważną częścią układu limbicznego jest **hipokamp** – oświadczył mózg Alicji i tym ją rozśmieszył.

Hipokamp?! Jaka śmieszna nazwa!

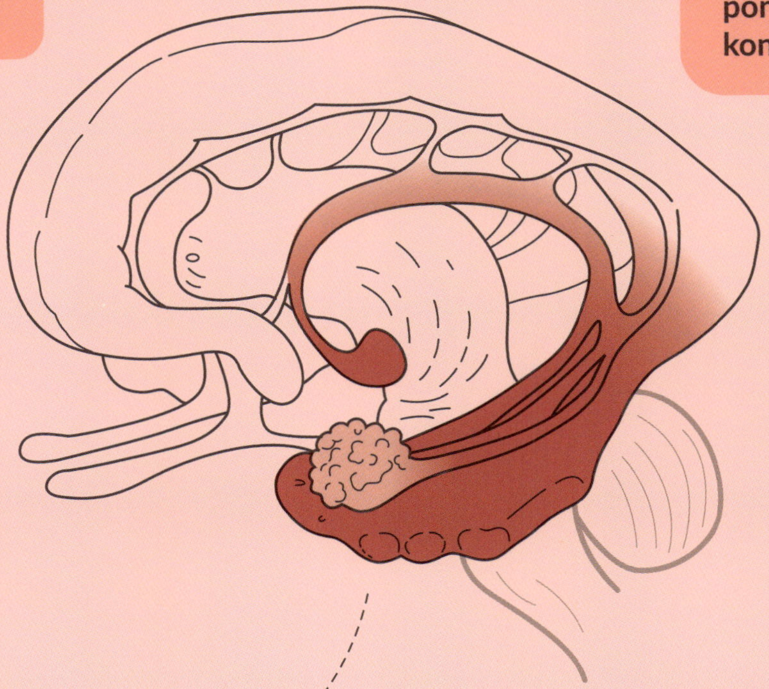

Mózg, jak zawsze, miał już gotową odpowiedź:
Oznacza ona konika morskiego, ponieważ hipokamp trochę tego konika wyglądem przypomina.

W hipokampie tworzą się ślady pamięciowe, a zatem można powiedzieć, że jest to stolica twojej pamięci.

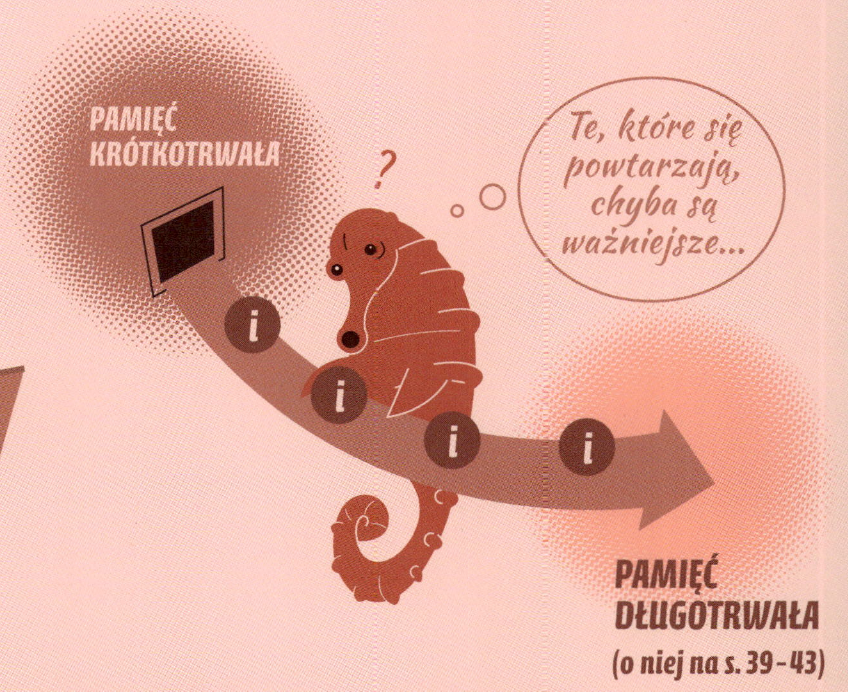

Ale są pewne bardzo ważne numery telefonów – jak numery rodziców – które należy znać na pamięć, żeby móc je powtórzyć, jeśli telefon się zepsuje albo zgubi. Są więc one zapisywane w **pamięci krótkotrwałej**, a następnie – w **długotrwałej**.

PAMIĘĆ KRÓTKOTRWAŁA

PAMIĘĆ DŁUGOTRWAŁA

Pamięć krótkotrwała jest magazynem, do którego możesz sięgnąć, by wydobyć potrzebną informację, i zwykle utrzymuje się przez kilka godzin – a potem aktywność połączeń mózgowych powraca do stanu wyjściowego.

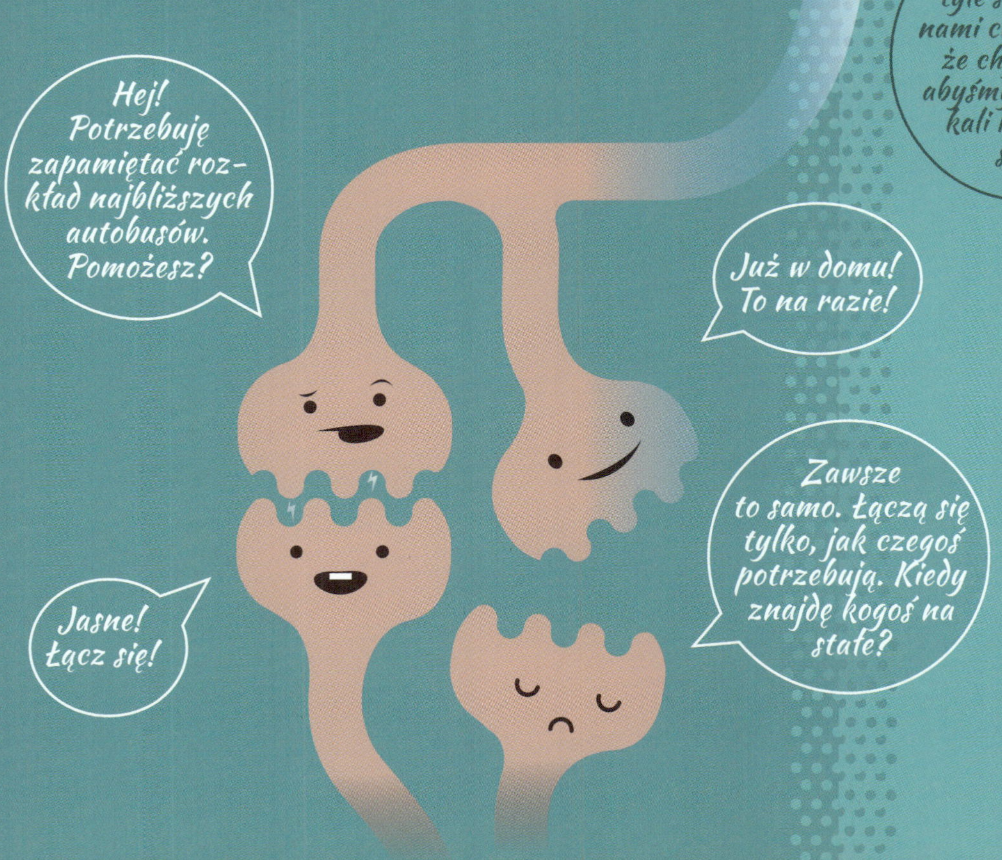

Niekiedy jednak pewne informacje są dla ciebie szczególnie ważne i będziesz je wykorzystywała wielokrotnie w przyszłości, na przykład wiele z tych rzeczy, których uczysz się w szkole. Wówczas **ślad pamięci** krótkotrwałej **ulega zmianie**, którą nazywamy **konsolidacją** (utwardzeniem), i tworzy się ślad pamięci długotrwałej. Pamięć długotrwała może utrzymywać się nawet przez całe życie.

Pamięć roboczą, **krótkotrwałą** i **długotrwałą** możemy też porównać do finansów.

Pamięć robocza jest jak gotówka w kieszeni; w każdej chwili możesz coś za nią kupić. Wyciągasz kilka złotych i masz hot doga albo paczkę gum do żucia. Tyle że nie nosi się za wielu pieniędzy przy sobie.

Pamięć krótkotrwała jest natomiast jak pieniądze na bieżącym rachunku bankowym; możesz oczywiście podejść do bankomatu i wyciągnąć pieniądze, ale to troszkę trwa. Poza tym nie w każdym miejscu są bankomaty.

Pamięć długotrwała to jak pieniądze na lokacie – są one najbardziej bezpieczne, więc jeśli ktoś ma dużo pieniędzy, to jest to świetny sposób na ich przechowywanie.

Tylko że potrzeba bardzo dużo czasu, żeby do tych pieniędzy się dostać.

Wydaje się, że **jest jeszcze jeden rodzaj pamięci**, którym naukowcy dopiero zaczynają się interesować. To takie wspomnienia, które trzymamy w sejfach, do których później nie możemy znaleźć kluczyka. Taka informacja istnieje, choć nawet o niej nie wiemy. Ale czasami sejf sam z siebie się otwiera i przypominamy sobie rzecz, o której od dawna nie pamiętaliśmy. Zobaczysz, Alicjo, że na starość zaczną ci się te sejfy ze wspomnieniami z młodości otwierać.

Rozumiem, mózgu, że ty decydujesz, które wydarzenia i informacje z mojego życia są **mniej lub bardziej ważne** i w zależności od tego kierujesz je do odpowiedniego zbiornika z pamięcią – powiedziała Alicja. – Tylko skąd ty wiesz, co jest ważne i potrzebne, co warto zostawić w mojej pamięci, a co należy z niej szybko usunąć?

To rzeczywiście nie jest proste, nawet dla tak genialnej jednostki jak ja – zgodził się mózg. – Na ogół uznaję za ważne po prostu to, co jest powtarzane, albo to, co wywarło na mnie wielkie wrażenie.

Pewne rzeczy zapamiętujemy bez powtarzania ich przez całe życie. Pamiętasz pewnie, kiedy sparzyłaś się pierwszy raz, wsadzając palec w ogień? Wiedziałem, że to jest ważne, i chciałem, żebyś to zapamiętała. Więc już nigdy nie musisz wsadzać palca w ogień, żeby pamiętać: to nie kończy się dobrze. Podobnie jest ze wspomnieniami, które wywołały u ciebie bardzo przyjemne odczucia. Jednorazowe doświadczenia, które wiążą się z wielkimi emocjami **(nazywamy to imprintem)**, zapamiętujemy do końca życia.

He, he, he! Jestem imprintem!

Co ciekawe, to **połączenie jest silniejsze u dziewczynek** niż u chłopców. Dodatkowo na starość u mężczyzn ciągle się zmniejsza, podczas gdy u kobiet pozostaje bez zmian.

Może to odpowiadać za wiele **różnic między pracą mózgu kobiet i mężczyzn**. Na przykład uważa się, że dzięki temu lepszemu spoidłu kobiety znacznie sprawniej posługują się mową – więcej mówią i precyzyjniej nazywają różne rzeczy, na przykład kolory. Może zauważyłaś, że tata zarówno na kolor granatowy, jak i na kolor turkusowy mówi po prostu „niebieski”, a wy z mamą potraficie nazwać wiele różnych odcieni tego samego koloru.

Mózgi dziewczynek szybciej też dojrzewają: właśnie dlatego ty i twoje koleżanki z klasy uczycie się lepiej niż chłopcy. Uprzedzę cię jednak, że wasi koledzy wszystko to za kilka lat nadrobią – ostatecznie **poziom inteligencji pań i panów jest podobny**, choć kobiety i mężczyźni postrzegają świat trochę inaczej.

Większość dróg, którymi przesyłane są informacje z twoich zmysłów – to, co widzisz, co słyszysz, co czujesz – **przechodzi przez spoidło i krzyżuje się w mózgu**.

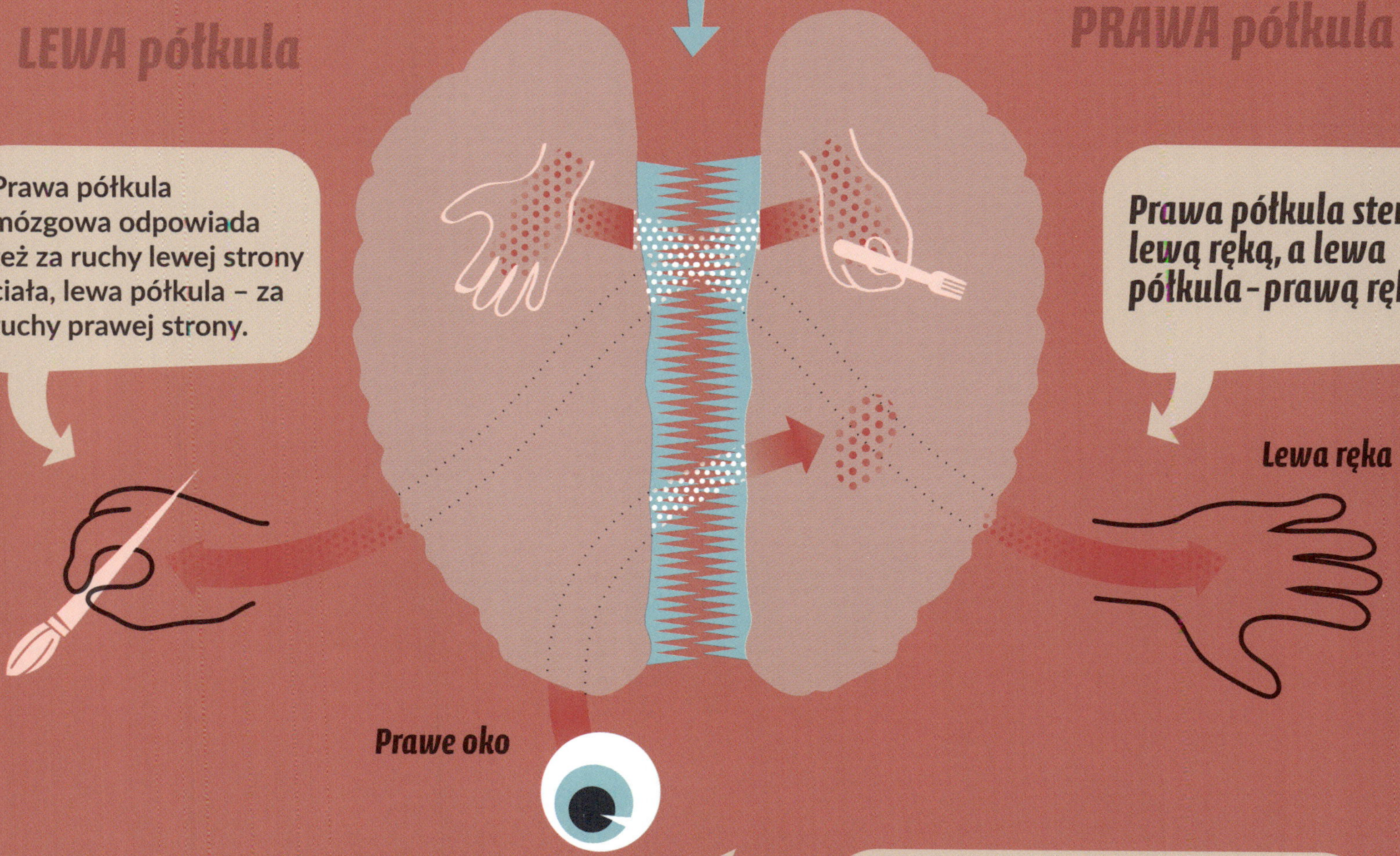

Prawa półkula mózgowa odpowiada też za ruchy lewej strony ciała, lewa półkula – za ruchy prawej strony.

Prawa półkula steruje lewą ręką, a lewa półkula – prawą ręką.

Wrażenia z **prawego oka** są odbierane w lewej korze, a z lewego – **w prawej korze**.

Na ogół to **lewa półkula jest nieco sprawniejsza**, a tym samym sprawniejsza jest prawa strona naszego ciała. Stąd większość ludzi pisze, je obiad czy naprawia kran prawą ręką.

Ależ mózgu, ja mam w klasie aż trzy koleżanki, które są leworęczne!
– wykrzyknęła Alicja.

Mózg odpowiedział:
Rzeczywiście, choć osób **leworęcznych obserwuje się stosunkowo niewiele**, to i tak więcej niż dawniej. Bo dawniej w szkole zmuszano dzieci leworęczne do używania prawej ręki przy pisaniu i rysowaniu; przez to takie dzieci uczyły się również bardzo dobrze władać drugą ręką, chociaż mogło to być dla nich bardzo niemiłe przeżycie.

Zwróć uwagę, że **świat stworzony jest dla osób praworęcznych**: w samochodzie skrzynia biegów znajduje się na prawo od kierowcy, klamki w drzwiach znacznie łatwiej otworzyć prawą ręką, a sale lekcyjne w szkole są tak umeblowane, by światło padało na zeszyty z lewej strony, tak aby nie zasłaniać ich prawą, piszącą ręką. Takich przykładów są tysiące. Niektórzy uważają, że **osoby praworęczne statystycznie cieszą się lepszym zdrowiem** od leworęcznych, dlatego że **ich życie jest po prostu wygodniejsze**.

A teraz opowiem ci więcej o **korze**. Otóż kora **hamuje emocje pochodzące z układu limbicznego**. I dzięki temu kontroluje to, co robimy, sprawia, że zachowujemy się racjonalnie.

Kiedy zmniejszymy trochę aktywność kory mózgowej, na przykład podczas picia alkoholu, wówczas **kontrola naszego zachowania jest znacznie słabsza**. Pijacy krzyczą, biją się albo głupkowato się śmieją.